지혜와 교훈을
재밌는 만화와 함께 배우는
고사성어

지혜와 교훈을 재밌는 만화와 함께 배우는

고사성어

인쇄일 : 2020년 12월 10일
발행일 : 2020년 12월 15일

펴낸이 : 김표연
펴낸곳 : (주)상서각
글쓴이 : 류동백
그린이 : 매직 프로덕션
표지디자인 : 박형빈
등록번호 : 제25100-2015-000051호
등록날짜 : 2015년 6월 10일
주소 : 경기도 고양시 일산동구 성현로 513번길 34
전화 : 02-387-1330
팩시밀리 : 02-356-8828
이메일 : sang53535@naver.com

ISBN : 978-89-7431-509-2 77710

※ 잘못된 책은 바꾸어 드립니다.

지혜와 교훈을 재밌는 만화와 함께 배우는

고사성어

글·류동백 | 그림·매직프로덕션

상식각

머리말

고사성어란 무엇일까요?

이것은 옛날 중국에서 전해진 유서 깊은 일에서 만들어진 말인데 그 짧은 단어 속에 아주 뜻깊은 내용을 담고 있습니다.

때문에 고사성어를 많이 알게 되면 언어 생활이 윤택해질 뿐만 아니라 그 속에 담긴 조상들의 지혜와 교훈도 함께 배울 수 있게 됩니다.

고사성어를 더 재미있고 유익하게 사용하려면 이런 고사성어가 언제, 어떻게 만들어졌나를 확실히 알아야 합니다. 고사성어에는 반드시 어떤 사건의 배경이 깔려 있으니까

요. 거기에 얽힌 이야기들을 알고 뜻을 익힌다면 한층 머릿속에 오래 남게 될 것입니다.

《지혜와 교훈을 재밌는 만화와 함께 배우는 고사성어》에서는 고사성어의 배경과 뜻을 쉽게 이해할 수 있도록 만화와 더불어 유래도 풀이해 놓았습니다.

이 책을 읽고 나면 아마 어렵게만 느껴지던 고사성어가 술술 입에서 나올 것입니다.

어린이 여러분! 고사성어의 배경을 통해 옛 중국의 역사와 인물들을 만나 보고, 그들의 지혜와 교훈도 함께 얻도록 하세요.

고향고　　　　　　　　　　　　　일 사

차례

1. 각주구검(刻舟求劍) ………………… 10
2. 간담상조(肝膽相照) ………………… 14
3. 경 원(敬遠) ………………………… 18
4. 경전하사(鯨戰鰕死) ………………… 22
5. 계 륵(鷄肋) ………………………… 26
6. 과유불급(過猶不及) ………………… 30
7. 관포지교(管鮑之交) ………………… 34
8. 군계일학(群鷄一鶴) ………………… 38
9. 권토중래(捲土重來) ………………… 42
10. 기인지우(杞人之憂) ………………… 46
11. 난형난제(難兄難弟) ………………… 50
12. 남가일몽(南柯一夢) ………………… 54
13. 다기망양(多崎亡羊) ………………… 58

말씀어

14. 다다익선(多多益善) ················ 62
15. 대기만성(大器晚成) ················ 66
16. 대의멸친(大義滅親) ················ 70
17. 도탄지고(塗炭之苦) ················ 74
18. 동가홍상(同價紅裳) ················ 78
19. 동병상련(同病相憐) ················ 82
20. 마이동풍(馬耳東風) ················ 86
21. 맹모삼천(孟母三遷) ················ 90
22. 명경지수(明鏡之水) ················ 94
23. 무용지용(無用之用) ················ 98
24. 문전성시(門前成市) ················ 102
25. 백문 불여 일견(百聞不如一見) ········ 106
26. 백안시(白眼視) ···················· 110

27. 불구대천지수(不俱戴天之讎) ············ 114
28. 비육지탄(髀肉之嘆) ················ 118
29. 빙탄불상용(氷炭不相容) ············ 122
30. 사면초가(四面楚歌) ················ 126
31. 사이비(似而非) ···················· 130
32. 사후약방문(死後藥方文) ············ 134
33. 살신성인(殺身成人) ················ 138
34. 삼고초려(三顧草廬) ················ 142
35. 순망치한(脣亡齒寒) ················ 146
36. 양상군자(梁上君子) ················ 150
37. 오리무중(五里霧中) ················ 154
38. 온고지신(溫故知新) ················ 158

말씀어

39. 와신상담(臥薪嘗膽) …………………… 162
40. 완 벽(完璧) …………………… 166
41. 자포자기(自暴自棄) …………………… 172
42. 적반하장(賊反荷杖) …………………… 176
43. 조삼모사(朝三暮四) …………………… 180
44. 천고마비(天高馬肥) …………………… 184
45. 철면피(鐵面皮) …………………… 189
46. 타산지석(他山之石) …………………… 194
47. 파죽지세(破竹之勢) …………………… 198
48. 함흥차사(咸興差使) …………………… 202
49. 형설지공(螢雪之功) …………………… 206
◆ 부 록 …………………… 213

1 각주구검

❖ 배를 타고 가다 강에 빠뜨린 칼을 찾기 위해 배에 표시를 해 놓고 나중에 찾으려 한다는 뜻으로, **어리석고 미련함을 비유하는 말**입니다.

刻 舟 求 劍
새길 **각**　　배 **주**　　구할 **구**　　칼 **검**

고사성어 유래

각주구검 (刻舟求劍)

'각주구검'이란 말은 중국의 고서인 ≪여씨춘추(呂氏春秋)≫라는 책에 실려 있는 말로, 춘추 전국 시대의 한 어리석은 사람의 행동을 비유한 고사성어입니다.

조나라의 상인인 이 어리석은 사람은 배를 타고 강을 건너는 도중 평소 소중히 여기던 칼을 그만 강물 속에 빠뜨리고 말았습니다.

당황하여 강물을 내려다보던 상인은 품 속에서 조그만 칼을 꺼내 뱃전을 조금 긁어 표시를 해 두었습니다.

"아니 왜 뱃전에 칼집을 내는 건가?"

옆의 동료가 이상하다는 듯이 고개를 갸웃거리며 묻자, 이 상인은 당연한 것을 묻는다는 듯한 얼굴로 말했습니다.

"이 곳에 내 칼이 빠졌는데 표시를 해 두어야 나중에 찾을 것이 아닌가?"

얼마 후 배가 맞은편 강가에 닿자, 상인은 표시된 뱃전에서 강으로 뛰어들었습니다. 이 상인은 배가 강을 지나온 생각은 하지 못하고 뱃전에 해 둔 표시만 생각한 채 물 속으로 뛰어드는 어리석은 행동을 한 것입니다.

이후, 깊이 생각해 보지 않고 어리석은 행동을 하는 것을 '각주구검'에 비유하게 되었습니다.

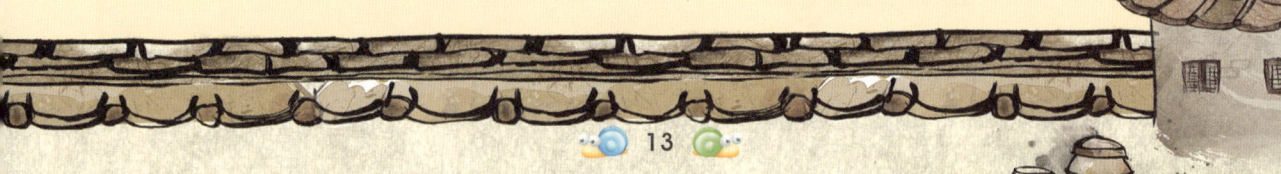

② 간담상조

❖ 서로 사귐에 있어서는 간과 쓸개를 꺼내 보여 줄 정도로 숨김이 없고 진실하여야 한다는 뜻입니다.

肝 膽 相 照
간 간   쓸개 담   서로 상   비칠 조

고사성어 유래

간담상조 (肝膽相照)

'간담상조'란 중국 당대 문인인 한유가 그의 친구인 유종원의 묘비에 새긴 글로, 간과 쓸개를 내놓고 보인다는 뜻입니다. 즉 서로 상대방의 가슴 속까지 이해하는 친한 친구를 이르는 말입니다.

사람의 참다운 우정은 어려운 일을 당했을 때 알 수 있는 것으로, 아무런 일이 없을 때에는 간과 쓸개라도 꺼내어 보여 줄 수 있을 것처럼 말하며 우정을 약속합니다.

하지만 정작 상대가 어려운 상황에 처했을 때에는 도와 주기는커녕 모르는 척 외면하기 일쑤입니다.

또 서로의 이익을 눈앞에 둔 경우에는 서로 헐뜯고 시기하며 모함도 서슴지 않습니다.

따라서 '간담상조'란 서로 진심을 터놓고 숨김없이 사귀는 것을 비유한 말입니다.

3. 경원

❖ 공경하되 지나치게 가까이하지 않는다는 뜻입니다.

敬 遠
공경할 **경**   멀 **원**

고사성어 유래

경원 (敬遠)

'경원'이란 공자와 그의 제자인 번지의 대화에서 유래된 말입니다.

어느 날 공자의 제자인 번지가 스승에게 물었습니다.

"스승님, 지(知, 안다는 것)란 무엇입니까?"

"자신이 해야 할 도리를 다하고자 힘쓰고 영혼이나 신에 대해서는 공경하되 멀리하는 것이 참다운 지(知)인 것이다."

공자가 대답했습니다.

흔히 사람들은 순리에 따르기보다는 귀신의 힘을 빌어 복을 빌거나 화를 막으려는 어리석은 행동을 하기 쉬운데 이것은 참된 사람이 취할 도리가 아니라는 것입니다.

이 때부터 '경원'이란 공경하되 멀리한다는, 즉 공경하면서도 그것에만 의지하지 않는다는 뜻으로 쓰이게 되었습니다.

그러나 오늘날에는 '꺼리어 피한다'는 뜻으로 많이 쓰이고 있습니다.

4 경전하사

❖ 고래 싸움에 새우 등이 터진다는 뜻입니다.

鯨 戰 鰕 死

고래 경   싸울 전   새우 하   죽을 사

고사성어 유래

경전하사 (鯨戰鰕死)

'경전하사'란 고래 경, 싸울 전, 새우 하, 죽을 사, 말 그대로 고래 싸움에 새우가 죽는다는 뜻입니다.

즉 강한 자들이 싸우는 통에 아무 상관도 없는 약한 자들이 엉뚱하게 해를 입는 경우를 비유해서 하는 말입니다.

5 계륵

❖ 닭의 갈비는 먹을 것은 없지만 버리기에는 아깝다는 뜻으로, 즉 **그다지 가치가 없으나 버리기가 아까운 경우**를 뜻하는 말입니다.

鷄 肋

닭 **계**   갈빗대 **륵**

고사성어 유래

계 륵 (鷄肋)

'계륵'이란 후한 말에 유비와 조조가 한중 땅을 놓고 싸울 때 있었던 일에서 유래된 고사성어로 ≪후한서(後漢書)≫에 실려 있습니다.

유비는 싸움에 임해 만반의 준비를 갖추고 있었지만 조조는 멀리서 원정을 와 피로한데다 식량까지 부족한 상황이었습니다. 이러한 상태에서 전쟁을 한다면 패하는 것은 당연한 일이었습니다.

조조는 초조해하는 참모들과 식사를 하면서 '계륵'이라는 명령을 내렸습니다. 그러나 부하들은 무슨 뜻인지 몰라 어리둥절할 뿐이었습니다.

그 때 참모 중 눈치가 빠른 양수가 나서며 후퇴할 준비를 하는 것이었습니다.

다른 참모들이 깜짝 놀라 까닭을 묻자 양수는 이렇게 대답했습니다.
"닭의 갈비는 다른 갈비에 비해 먹을 것이 제일 없다. 그러니 버리기에 아깝긴 해도 대단한 것은 아니라는 뜻이지.
그러니 이 곳을 버리고 돌아가자는 뜻이 아니겠는가?"

이 때부터 '계륵'은 크게 가치는 없지만 버리기엔 아까운 것을 비유하는 말로 쓰이게 되었습니다.

6 과유불급

❖ 지나침은 오히려 부족한 것과 같다는 뜻으로, 항상 적당함을 유지하여야 한다는 의미입니다.

過 猶 不 及

지날 **과**　　오히려 **유**　　아니 **불**　　미칠 **급**

고사성어 유래

과유불급 (過猶不及)

'과유불급'이란 ≪논어(論語)≫의 <선진편(先進篇)>에 실린 공자와 제자인 자공의 대화 중에 나오는 말입니다.

어느 날 제자인 자공이 공자에게 조용히 다가와 물었습니다.

"스승님, 자장과 자하 두 사람 중 누가 더 현명합니까?"

그러자 공자는 잠시 생각해 본 후 대답했습니다.

"자장은 아무래도 매사에 지나친 면이 있고, 자하는 부족한 점이 많은 것 같다."

자공은 그 말을 듣고 고개를 끄덕거리며 말했습니다.

"그렇다면 자장이 더 낫다는 말씀이군요."

"그렇지 않다. 지나침이란 역시 부족함과 같은 것이니라."

공자의 말은 지나치지도 않고 모자라지도 않는 상태가 가장 좋다는 뜻으로 중용의 도리를 설명하고자 한 것입니다.

7 관포지교

❖ 관중과 포숙아 사이와 같은 사귐이라는 뜻으로, **서로 이해하고 믿고 정답게 지내는 깊은 우정을 나타내는 말입니다.**

管 鮑 之 交

대롱 **관**   절인어물 **포**   갈 **지**   사귈 **교**

관포지교 (管鮑之交)

'관포지교'는 ≪사기(史記)≫의 ≪관안열전(管晏列傳)≫에 실려 있는 글로서 변함없는 친구 사이를 말합니다.

중국의 춘추 전국 시대 제나라에 사는 관중과 포숙아는 어려서부터 가깝게 지내는 친구 사이였습니다.

성인이 된 관중과 포숙아는 관직에 오르게 되었는데 관중은 번번이 잘못을 저지르고 물러나곤 했습니다.

다른 사람들은 관중을 비웃었지만 포숙아만은 관중을 이해하고 위로했습니다.

얼마 후 관중은 제나라의 공자 규를 섬기게 되었는데 다른 공자인 소백(환공)이 즉위를 하자 규와 관중은 처형을 당하는 신세가 되었습니다.

이 때도 역시 포숙아 덕분으로 목숨을 구하고 벼슬길에 오르게 된 관중은 훗날 환공이 천하를 제패할 수 있도록 도와 주어 높은 벼슬에 오르게 되었습니다.

"나를 낳아 주신 분은 부모지만 나를 알아 준 사람은 포숙아뿐이다."

이후 한결같이 변함없는 친구 사이를 말할 때 '관포지교'라는 말을 쓰게 되었습니다.

8 군계일학

❖ 닭의 무리 중에 한 마리의 학이 끼여 있다는 뜻으로, 보통 사람들 중 뛰어난 인물이 있음을 비유할 때 쓰입니다.

群 鷄 一 鶴
무리 군　　닭 계　　한 일　　학 학

고사성어 유래

군계일학 (群鷄一鶴)

　'군계일학'이란 글자 그대로 닭의 무리 중 한 마리 학이란 뜻으로, ≪진서≫의 <혜소전>에 나오는 말입니다.

　중국 진나라 초기 죽림칠현 중의 한 사람인 혜강은 억울한 누명을 쓰고 사형을 당한 사람입니다. 그의 친구이며 역시 죽림칠현의 한 사람인 산도는 혜강의 아들 혜소에게 학문과 무예를 가르쳐 위나라 무제에게 추천하였습니다.

　"혜소는 혜강의 아들이기는 하오나 현명함이 춘추의 대부 극흠보다 나으면 낫지 못하지는 않사오니, 돌보아 주셨으면 하옵니다."

　그러자 무제는 혜소에게 비서승이라는 높은 벼슬을 주어 낙양으로 불러들였습니다. 이 때 혜소를 본 어떤 선비가 감탄하여 칠현의 한 사람인 왕융에게 말하였습니다.

　"많은 사람들 중에 섞여 있는 혜소는 그 의기충천하고 늠름한 모습이 마치 많은 닭의 무리 가운데 한 마리의 고고한 학이 끼여 있는 것 같았습니다."

　그러자 왕융이 말했습니다.

　"자네는 그 사람의 아버지를 보지 못했기 때문이야."

　이 때부터 '군계일학'이라는 말은 비범하고 출중한 사람에게 쓰이게 되었습니다.

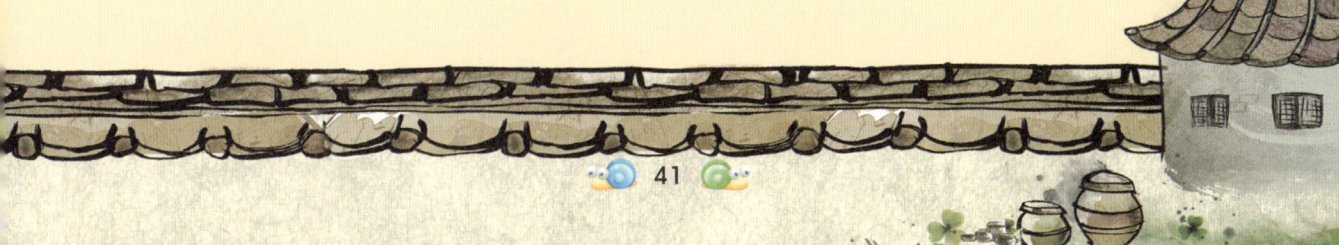

9 권토중래

❖ 땅을 휩쓸 듯한 거센 기세로 되돌아온다는 뜻으로, 한번 실패한 사람이 다시 실력을 쌓아 기어이 성공하는 것을 비유해 쓰입니다.

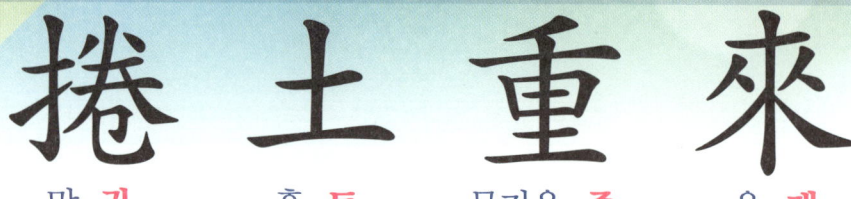

말 **권**　　흙 **토**　　무거울 **중**　　올 **래**

오늘은 반장을 뽑을 테니까 마땅한 사람을 추천해 봐.

스승님, 질문 있습니다.

뭔데?

반장이 될 자격은 무엇인지요.

아무래도 통솔력이 있고, 친구들과 사이가 좋은 사람이어야겠지.

그럼 바로 저를 말하는 거로군요.

쯧쯧, 그야 투표를 해 봐야 알 일이 아니냐?

투표는 해 보나 마나라니까요.

고사성어 유래

권토중래 (捲土重來)

'권토중래'란 당나라 시인인 두목(杜牧 : 803~852)이 지은 ≪제오강정(題烏江亭)≫의 내용 중에 있는 말입니다.

초나라의 항우는 한나라의 유방과 천하를 두고 다툴 때 형세가 불리해지자 스스로 목숨을 끊었습니다.

이 역사적인 사실을 두고 지은 시가 바로 '제오강정'입니다.

두목은 이 시에서 권토중래란 말을 썼는데 그 뜻은 처음에 패했더라도 다시 힘을 길러 반격을 하면 된다는 것으로 항우의 성급한 자결을 한탄하는 뜻이 담겨 있습니다.

오늘날 '권토중래'란 어떤 일에 한 번 실패한 사람이 다시 힘을 길러 기어이 성공하는 경우를 가리키는 말로 쓰이고 있습니다.

10 기인지우

❖ 쓸데없는 걱정으로 부질없이 고생하는 것에 비유하여 쓰이는 말입니다.

杞 人 之 憂
구기자 기　사람 인　갈 지　근심 우

고사성어 유래

기인지우 (杞人之憂)

'기인지우'는 ≪열자(列子)≫의 <천서편(天瑞編)>에 기록되어 있는 이야기입니다.

옛날 중국 주나라 때 기(杞)라는 곳에 필요 이상으로 걱정을 많이 하는 사람이 살고 있었습니다.

그의 제일 큰 걱정거리는 하늘이 무너지고 땅이 꺼지면 어쩌나 하는 것이었습니다.

이를 보다못한 그의 친구가 그를 붙잡고 설명을 했습니다.

"여보게, 하늘은 공기로 이루어져 있어 무너져 내릴 염려가 없다네. 땅 또한 단단한 흙으로 땅 속까지 이어져 꺼질 염려가 없으니 그런 걱정일랑 그만두게나."

그는 친구의 말을 듣고 그제야 안심을 했다고 합니다.

이 때부터 걱정하지 않아도 될 일을 미리 염려하여 어리석은 행동을 하는 것을 기우라고 하게 되었습니다.

11. 난형난제

❖ 누구를 형이라 하고 누구를 동생이라 하기 어렵다는 뜻으로, **두 가지 중 어느 쪽이 나은지 분간하기 힘들 때** 쓰는 말입니다.

難 兄 難 弟
어려울 **난**   맏 **형**   어려울 **난**   아우 **제**

난형난제 (難兄難弟)

　'난형난제'는 ≪세설신어(世說新語)≫의 <덕행편(德行編)>에 나오는 말로 형이 되기도 어렵고 동생이 되기도 어렵다는 말입니다.

　이는 두 가지가 서로 낫고 못함이 없어 구별하기 힘들 경우에 쓰입니다.

　중국의 후한 말기 진식이라는 현령에게 두 아들이 있었는데 이들 삼부자는 덕망과 인품이 뛰어나 '3군'이라고 불렸습니다.

　이 아들들이 커서 장가를 가 자식을 낳았는데 이 자식들은 서로 자신의 아버지가 더 훌륭하다고 다투다 할아버지인 진식에게 판단을 내려 달라고 부탁을 하였습니다.

　진식은 한동안 생각하다가 대답했습니다.

　"형은 형대로 훌륭한 동생의 형 노릇 하기 힘들고, 동생은 동생대로 훌륭한 형의 동생 노릇 하기 힘들다."

　즉 이 말은 둘 다 훌륭하여 구별하기 힘들다는 이야기입니다.

12. 남가일몽

❖ 한때의 꿈이라는 뜻으로, 부귀 영화를 쫓는 것도 지나고 나면 한낱 부질없는 꿈과 같다는 뜻입니다.

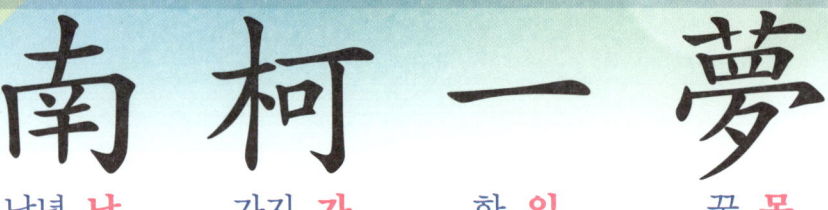

南 柯 一 夢
남녘 남　가지 가　한 일　꿈 몽

어느 날 순우분이라는 사람이 홰나무 아래서 술을 마시다 잠이 들었는데

웬 사람들이 와서 순우분을 홰나무 구멍 속으로 데리고 들어갔다.

순우분은 그 곳 왕녀와 결혼하여 태수가 되어 온갖 영화를 누리며 남가군을 잘 다스렸는데

20년이 흐른 후 왕녀가 죽자, 맹구야!

네? 죽였다구요? 전 그런 짓 못하는 거 아시잖아요.

맹구야! 맹구야!　왜이래?

고사성어 유래

남가일몽 (南柯一夢)

'남가일몽'이란 중국 당대 이공좌(李公佐)의 소설 ≪남가태수전(南柯太守傳)≫에 나오는 이야기입니다.

주인공 순우분이 술에 취하여 선잠을 자는데 꿈 속에서 괴안국이라는 나라의 초청을 받고 그의 집 마당에 있는 홰나무 구멍 속으로 들어가게 되었습니다.

그리고 그 곳의 왕녀와 결혼하여 남가군의 태수가 되어 부귀영화를 누리며 살던 중 왕녀가 죽자, 순우분은 고향으로 돌아왔습니다.

그 때 잠에서 깬 순우분이 주위를 살펴보니 자기 집이었다고 합니다.

순우분은 하도 꿈이 이상하여 마당으로 내려가 홰나무를 베어 조사해 보니 꿈 속에서 본 나라와 똑같은 개미의 나라가 나타났다고 합니다.

이것은 현실과 꿈의 혼돈 속에서 인간의 운명의 허무함을 말해 주는 것으로, 이후 꿈과 같이 헛된 한때의 부귀영화를 남가일몽이라 하게 되었습니다.

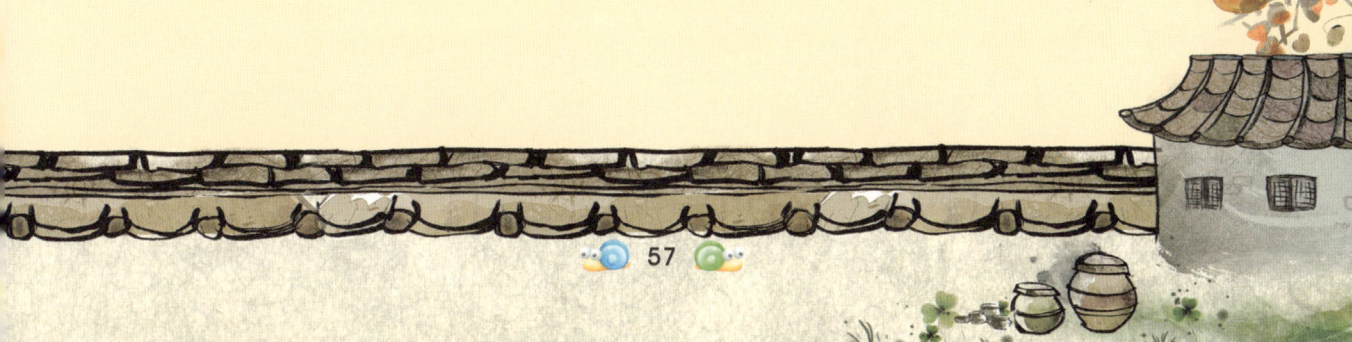

13. 다기망양

❖ 달아난 양을 찾으려는데 길이 여럿으로 갈려 끝내 양을 잃었다는 뜻으로, **어떤 목표에 이르는 길이 여럿이면 오히려 도달하기 힘들다**는 말입니다.

多岐亡羊
많을 **다**　　가닥나뉠 **기**　　잃을 **망**　　양 **양**

고사성어 유래

다기망양 (多岐亡羊)

중국 춘추 전국 시대의 학자인 양자(楊子)의 일화로 ≪열자(列子)≫의 <설부편(說符編)>에 실려 있습니다.

어느 날 양자의 이웃집에서 양 한 마리를 잃어버려 하인들이 총동원되어 찾았지만 결국 찾지 못하고 돌아온 하인들이 양자에게 말했습니다.

"갈림길에서 또 갈림길이 나오고 길들이 서로 얽혀 있어 양이 어느 길로 갔는지 도무지 짐작할 수도 없어서 그냥 돌아왔습니다."

이 말을 들은 양자는 그 날 하루 종일 우울한 얼굴로 보냈습니다.

제자들은 그러한 양자의 표정을 이해할 수 없었습니다. 그도 그럴 것이 잃어버린 양은 양자와 상관이 없는 이웃집 양이었던 것입니다.

이튿날, 양자는 제자들 앞에서 다음과 같이 말을 했습니다.

"한 마리의 양이라도 이 길 저 길 헤매다 보면 결국 놓치고 마는 법, 학문의 길도 이와 같아서 자칫 길을 잘못 들면 진리를 놓치게 된다."

그제야 제자들은 양자가 어두운 표정을 지었던 까닭을 알 수 있었다고 합니다.

14 다다익선

❖ 많으면 많을수록 좋다는 뜻입니다.

多 多 益 善
많을 다   많을 다   더할 익   착할, 좋을 선

또 땄다. 오늘 되는 날이네.

오 서방 걸 다 따고 그냥 가면 어떻게 해? 개평 좀 줘라.

왜! 마지막 남은 거였는데.

신난다. 이제 없어? 그럼 그만하자.

어머! 맹구야.

개평?

관둬! 그런다고 맹구가 줄 것 같애?

고사성어 유래

다다익선 (多多益善)

'다다익선'이란 중국의 ≪사기(史記)≫에 실린 이야기로 중국을 통일한 한나라 고조와 초나라의 왕 한신과의 대화 중에 나오는 말입니다.

한의 고조는 한신에게 회음후라는 벼슬을 내린 후 모든 일을 의논하였습니다. 어느 날 고조는 한신과 여러 장수들의 능력에 대해 이야기를 하던 중에 자신들의 능력을 평가하게 되었습니다.

"그대가 보기에 나는 얼만큼의 군사를 거느릴 수 있겠는가?"

그러자 한신이 고개를 갸웃하며 대답했습니다.

"글쎄요, 한 십만 정도면 적당할 것 같습니다."

"그래? 그렇다면 그대는 어떤가?"

"저는 많으면 많을수록 좋습니다."

한신의 대답에 고조는 어이가 없다는 듯 물었습니다.

"그렇다면 그대가 나보다 낫다는 말인가?"

"군사를 거느리는 것은 그렇습니다만, 장수를 거느리는 데는 저보다 뛰어나십니다. 그러니 제가 붙잡혀 온 것이 아니겠습니까?"

한신은 고개를 숙이며 공손하게 대답했습니다.

이 때부터 많으면 많을수록 좋다는 뜻의 다다익선이라는 말이 쓰이게 되었습니다.

15 대기만성

❖ 큰 그릇은 오랜 시간이 걸려야 만들어진다는 뜻으로, 큰 인물이 되려면 오랜 시간에 걸친 노력이 필요함을 비유하여 쓰는 말입니다.

大 器 晩 成
큰 대　　그릇 기　　늦을 만　　이룰 성

고사성어 유래

대기만성 (大器晚成)

'대기만성'은 ≪삼국지(三國志)≫에 실려 있는 글로서 큰 그릇은 늦게 만들어진다는 말입니다.

삼국 시대 위나라에 최염이라는 유명한 장군이 있었습니다. 그는 목소리가 우렁찼으며, 체격 또한 거구였기 때문에 대인(大人)의 모습이었습니다. 게다가 무제의 두터운 신임까지 받고 있었습니다.

그런데 최염의 사촌 아우 중에 임(林)이란 사람이 있었는데 겉보기에도 영리하게 보이지 않아 친척들이 그를 무시했습니다. 그러나 최염은 그의 능력을 알아보고 이렇게 말했습니다.

"큰 쇠북이나 큰 가마솥은 쉽사리 만들 수 없듯이 큰 재능 또한 금세 나타나는 것은 아니다. 완성되기까지는 아무래도 오랜 시간이 걸릴 것이다. 임도 이와 마찬가지로 대기만성일 것이다. 두고 보면 나중에 아마도 큰 인물이 될 것이다."

최염의 말과 같이 그는 뒤에 삼공이 되어 천자를 보좌하는 큰 임무를 맡은 훌륭한 사람이 되었습니다.

16 대의멸친

❖ 나라의 옳은 일을 위해서는 가족도 멀리한다는 뜻입니다.

大 義 滅 親
큰 대   옳을 의   멸할 멸   친할 친

고사성어 유래

대의멸친 (大義滅親)

'대의멸친'이란 ≪춘추좌씨전(春秋左氏傳)≫에서 유래된 것으로, 대의를 위해 친족도 멸한다는 말입니다.

중국 위나라에서는 주우가 반란을 일으켜 왕인 환공을 죽이고 왕위를 빼앗았습니다. 그런데 석작이라는 충신은 일찍이 주우가 반란을 일으킬 것이란 사실을 알고 자기 아들인 후에게 주우와 친하게 지내지 말라고 일렀습니다. 그러나 석작의 아들 후는 아버지의 충고를 무시하고 반란을 일으켜 왕이 된 주우와 가깝게 지냈습니다.

하지만 주우가 백성의 인정을 받지 못하자, 후는 자기 아버지 석작을 찾아가 어떻게 하면 주우가 백성의 인정을 받을 수 있겠느냐고 물었습니다.

그러자 아버지는 태연하게 진(陳)나라 진공(陳公)에게 얘길 해서 주나라 천자에게 왕으로서 승인을 받게 해 달라고 부탁을 하면 백성들로부터 인정을 받게 될 것이라고 말했습니다.

주우와 후가 진나라로 떠난 뒤 석작은 진나라로 사람을 보내어 두 사람은 반역자이니 처치해 달라는 서신을 보냈습니다. 마침내 진나라에 도착한 후와 주우는 진나라 진공에게 처형을 당하게 되었습니다.

결국 석작은 나라를 위해 자식의 목숨을 바친 것입니다.

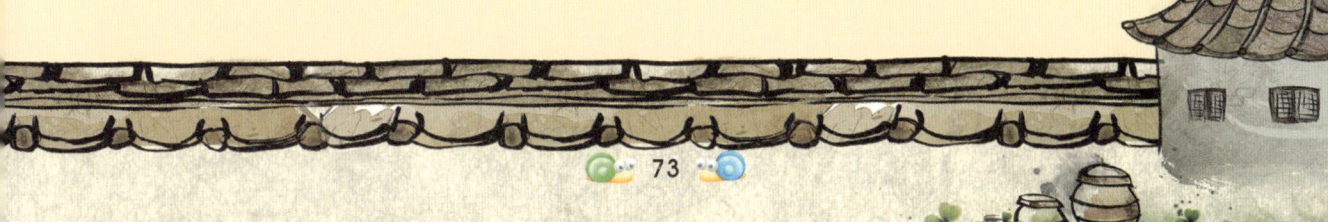

17. 도탄지고

❖ 도(塗)는 진창을 말하고, 탄(炭)은 숯불을 말하여, 결국 **진창 속이나 숯불 속에** 빠지는 것과 같은 심한 괴로움을 가리키는 말입니다.

塗 炭 之 苦
진흙 **도**　숯 **탄**　갈 **지**　괴로울 **고**

고사성어 유래

도탄지고 (塗炭之苦)

'도탄지고'는 ≪서경(書經)≫ 중 <상서(商書)>의 '중훼(仲虺)의 고함'이란 글에서 나온 말입니다.

은나라의 탕왕은 하나라의 걸왕을 내쫓고 천자가 되었습니다. 그러나 탕왕은 무력으로 왕위를 차지했기 때문에 항상 이를 부끄럽게 생각하고 있었습니다.

좌상의 벼슬자리에 있던 중훼가 이를 알게 되어 탕왕에게 글을 써서 보냈는데 그것이 '중훼지고'입니다.

그 내용은 다음과 같습니다.

"하늘은 사람을 만들었으나 사람에게는 욕심이 있다. 이 욕심을 억누르고 바른 길로 인도하는 지도자가 없으면 혼란이 생기기 마련인데, 하늘은 또한 이 혼란을 막을 사람도 만드셨다. 그래서 덕이 없어 백성을 도탄에 빠뜨린 걸왕을 물리치고 나라를 제대로 다스릴 수 있는 탕왕이 하나라를 맡게 했다."

이 글은 탕왕을 크게 위로했다고 하는데 '도탄지고'는 여기서 유래된 고사성어입니다.

18 동가홍상

❖ 같은 값이면 다홍치마, 즉 같은 조건이면 좀더 자기에게 이익이 되는 것을 고른다는 뜻입니다.

同 價 紅 裳
같을 동   값 가   붉을 홍   치마 상

어머, 언년이 새 옷 입었구나!

응, 어때? 예뻐 보이니?
옷은 예쁘구나. 하지만 그런다고 닭이 꿩 되니?

무슨 소리야?
나처럼 얼굴이 예쁘면 아무 옷이나 입어도 되지만 넌 신경 꽤 써야겠다.

어머, 기가 막혀!
네가 이해해! 오죽하면 저러겠니.

고사성어 유래

동가홍상 (同價紅裳)

　동가홍상은 ≪송남잡지(松南雜識)≫, ≪동언고략(東言考略)≫에 나오는 말입니다.

　이 말은 같은 조건 하에서 자신이 취할 수 있는 이익을 최대한으로 누리고자 할 때 쓰는 것으로 이는 사람의 본성일지도 모릅니다.

　사람은 누구에게나 욕심이 있습니다.

　하나를 가지면 두 개를 갖고 싶고 두 개를 가지면 또 더 많이 갖고 싶은데, 하물며 똑같은 조건 하에서 더 나은 것 더 많은 것을 가지려고 하는 것은 당연한 일일 것입니다.

19. 동병상련

❖ 같은 병을 앓는 사람이 서로의 처지를 이해한다는 뜻으로 **처지가 같은 사람이 서로 동정하고 돕는 것을** 비유해 쓰는 말입니다.

同 病 相 憐

한가지 **동**   병들 **병**   서로 **상**   불쌍할 **련**

고사성어 유래

동병상련 (同病相憐)

'동병상련'은 ≪오월 춘추(吳越春秋)≫에 실려 있습니다. 이는 같은 병을 앓는 사람끼리 서로 가엾게 여긴다는 말입니다.

중국 춘추 전국 시대 초나라 사람인 오자서는 역적의 누명을 쓰고 아버지와 형을 잃게 되자, 초나라를 버리고 오나라로 망명하였습니다.

오나라로 간 오자서는 오나라 공자인 광을 도와 왕위에 오르게 했습니다.

이 무렵 초나라 사람 백비가 오자서를 찾아왔습니다. 그 역시 역적의 누명으로 아버지를 잃고 오나라로 망명을 온 사람이었습니다.

오자서는 백비를 왕에게 천거하여 대부라는 벼슬에 오르게 하였습니다. 그러자 대부 벼슬에 있던 피리가 오자서에게 물었습니다.

"당신은 어찌하여 처음 본 사람을 무조건 믿고 나와 같은 벼슬을 주는 것입니까? 나는 오랜 노력 끝에 대부의 벼슬에 올랐습니다."

그러자 오자서는 담담하게 이렇게 말했습니다.

"백비는 나처럼 초나라에서 아버지를 잃었습니다. 처지가 비슷한 사람이 누구보다 이해를 잘 하는 법이지요."

20 마이동풍

❖ 동풍이 말의 귀를 스쳐가듯이 남의 말을 들을 때 귀담아 듣지 않고 흘려 버리는 것에 비유해 쓰입니다.

馬 耳 東 風
말 마 　 귀 이 　 동녘 동 　 바람 풍

모두들 자기가 가지고 온 도화지와 크레파스를 꺼내!

도화지? 크레파스?

그리고 오늘은 약속대로 자화상을 그린다.

자화상?

스승님, 스승님께 할 말이 있어요. 씩씩——.

무슨 얘긴데 그렇게 잡아먹을 것처럼 그래.

고사성어 유래

마이동풍 (馬耳東風)

'마이동풍'이란 말은 당나라 시인 이백(李白)이 왕십이가 보내 준 시에 대한 회답으로 지은 <답왕십이한야독작유회(答王十二寒夜獨酌有懷)>라는 시에 나옵니다.

이백이 지은 시의 내용은 시인들이 아무리 좋은 시를 지어도 세상 사람들이 그것을 알아 주지 않으니, 마치 조용히 불어오는 동풍이 말의 귓가를 스쳐가는 듯이 아무도 귀담아 듣지 않음을 빗대어 한탄하는 내용입니다.

이 말은 이후 '우이독경'과 같은 뜻으로 쓰이고 있습니다.

21. 맹모삼천

❖ 맹자의 어머니가 맹자를 가르치기 위하여 세 번이나 이사했다는 말로, 맹모삼천지교(孟母三遷之敎)의 준말입니다.

孟 母 三 遷
맏 **맹**　어미 **모**　석 **삼**　옮길 **천**

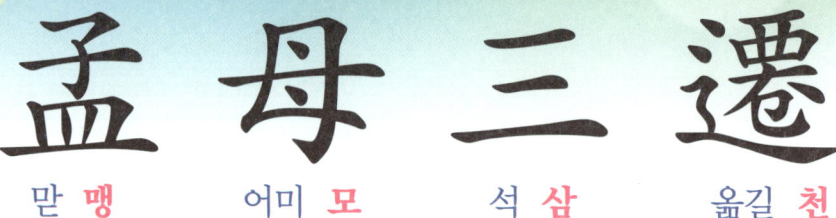

고사성어 유래

맹모삼천 (孟母三遷)

'맹모삼천'은 전한 시대의 학자 유향이 쓴 ≪열녀전(烈女傳)≫의 ≪모의・추맹가지모(母儀・鄒孟軻之母)≫에 나오는 말로 우리에게 많이 알려진 이야기입니다.

맹자는 일찍이 아버지를 여의고 홀어머니 밑에서 자랐습니다.

맹자의 어머니는 공동묘지 근처에 집을 얻어 살았습니다. 그런데 맹자는 이웃 아이들과 함께 땅에 엎드려 대성통곡을 하거나 제사 지내는 흉내를 내면서 노는 것이었습니다.

이 모습을 본 맹자의 어머니는 자식을 기를 만한 곳이 못 된다고 생각해 시장 부근으로 이사를 하였습니다.

이번에는 맹자가 물건 파는 흉내를 내면서 노는 것이었습니다.

그래서 다시 집을 옮긴 곳이 글방 부근이었습니다. 그랬더니 마침내 책 읽고 글 배우는 일에 열중하여 어른을 공경하는 태도를 보였다는 이야기입니다.

이는 교육에 미치는 환경의 중요성을 강조할 때 흔히 인용되는 고사성어입니다.

22. 명경지수

❖ 명경이란 밝은 거울, 즉 한 점의 흐림도 없는 거울을 말하며 지수란 고요히 머물러 있는 물을 말하는 것으로, 명경지수란 **고요하게 맑은 심경**을 비유하는 말입니다.

明 鏡 之 水
밝을 명 거울 경 갈 지 물 수

고사성어 유래

명경지수 (明鏡之水)

'명경지수'는 ≪장자(莊子)≫의 <덕충부편(德充符編)>에 나오는 말입니다.

중국 노나라에 왕태(王胎)라는 사람이 살고 있었습니다.

그는 심한 형벌로 인해 다리가 잘린 불구였지만, 학식과 덕망이 높아 공자를 능가할 정도로 그를 따르는 사람들이 많았습니다.

이를 시기한 공자의 제자 상계(常季)가 어느 날 공자에게 물었습니다.

"왕태는 별 재주도 없는 것 같은데 왜 많은 사람들이 모여드는 것일까요?"

"사람들은 흐르는 물을 거울로 삼지 않고, 고요한 물을 거울로 삼아 자기의 모습을 비춰 보는 것이다. 오직 왕태의 마음은 고요한 물과 같기 때문에 많은 사람들이 모여드는 것이다."

공자가 대답했습니다.

이처럼 명경지수는 고요하여 깨끗한 마음을 비유하는 말입니다.

23. 무용지용

❖ 언뜻 보기에 아무 쓸모 없이 보이는 것도 반드시 쓸모가 있다는 말입니다.

無 用 之 用
없을 무　쓸 용　갈 지　쓸 용

고사성어 유래

무용지용 (無用之用)

　무용지용이란 ≪장자(莊子)≫의 <인간세편(人間藝編)>에 나오는 것입니다.

　무용을 앎으로써 비로소 유용을 이야기할 수 있다는 것으로, 즉 길을 걸을 때 디디는 부분은 지면의 일부인데 지면에서 디디는 부분(유용)만을 남기고 그 밖의 부분(무용)을 깊게 파내 버린다면 과연 사람은 걸어다닐 수 있을 것인가?

　이처럼 아무 쓸모 없이 보이는 것도 모두 나름대로 쓸모가 있다는 말입니다.

24 문전성시

❖ 문 앞에 사람이 많아 시장을 이룬다는 뜻으로, 부귀와 권세를 누리는 사람의 집 앞에는 방문객이 끊이지 않는다는 말입니다.

門 前 成 市
문 문   앞 전   이룰 성   저자 시

고사성어 유래

문전성시 (門前成市)

'문전성시'란 ≪한서(漢書)≫의 <정숭전(鄭崇傳)>에 나오는 말입니다.

중국 한나라 애제(哀帝)는 스무 살에 즉위했지만 정치의 실권은 외척의 수중에 있고 헛된 황제의 빈 자리만 지키게 되었습니다.

이런 애제에게 정숭(鄭崇)이란 충신이 있었는데 정숭은 항상 바른 말을 하며 바른 정치를 할 것을 당부했습니다.

그러나 애제는 점점 자포자기하게 되었고, 정숭을 시기하던 간신들은 그를 모함하기 시작했습니다.

"정숭은 왕실의 여러 사람들과 통하고 있으며 어떤 좋지 못한 일을 꾸미고 있는 것 같습니다."

이런 말을 들은 애제는 정숭을 문책하였습니다.

"그대의 집에는 언제나 많은 사람들이 모여 상의를 한다는데, 도대체 무엇 때문인가?"

"저희 집에는 시장과 같이 많은 손님들이 모여들지만, 저의 마음은 언제나 물과 같이 맑습니다."

그러나 애제는 정숭의 말을 믿지 않고 감옥에 가두었습니다. 그 후 정숭은 결국 감옥에서 억울하게 죽고 말았습니다.

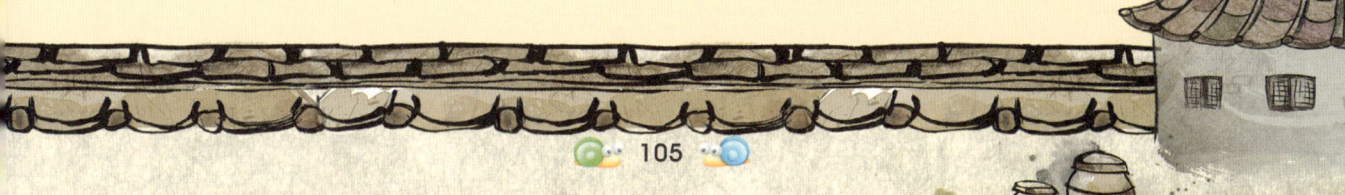

25 백문 불여일견

❖ 백 번 듣는 것이 한 번 보는 것만 못하다는 뜻으로, 경험이 중요하다는 것을 강조한 말입니다.

百 聞 不 如 一 見

일백 **백** 들을 **문** 아니 **불** 같을 **여** 한 **일** 볼 **견**

예로부터 남녀는 유별하다 하여….

조용! 다들 조용히 해!

옛날에는 한 자리에 함께 하는 것은 물론 밥도 따로 먹었다.

고사성어 유래

백문 불여일견 (百聞不如一見)

'백문 불여일견'이란 ≪한서(漢書)≫의 <조충국전(趙充國傳)>에 나오는 말로, 백 번 듣는 것이 한 번 보는 것만 못하다는 뜻입니다.

한나라 선제 때 서북방에 사는 티벳 계의 유목민이 반란을 일으키자, 선제는 그 때 이미 70을 넘긴 병법에 뛰어난 조충국에게 도움을 청했습니다. 그는 젊었을 때 여러 번이나 흉노와 싸움을 한 경험이 있었던 것입니다.

조 장군이 오자 선제는 어떻게 유목 민족을 무찌르겠느냐고 물었습니다. 그러자 조 장군은 다음과 같이 대답했습니다.

"백문이 불여일견이옵니다. 제가 직접 가서 어떻게 싸우면 이길 수 있을지 살펴보면서 방책을 세우게 해 주시면 좋겠습니다."

선제는 빙긋이 웃으며 조 장군의 청을 받아들였습니다.

조 장군은 현지 조사 후 치밀하게 작전을 세워 마침내 반란군을 진압할 수 있었습니다.

26. 백안시

❖ 흰 눈으로 본다는 뜻으로, 흘겨보는 것을 말합니다. 즉 상대방을 업신여기거나 냉대할 때, '백안시한다'고 합니다.

白 眼 視
흰 **백**   눈 **안**   볼 **시**

스승님, 안녕하세요.

어째 분위기가 심상찮은데 얼른 서당으로 들어가야겠다.

청해야, 사모님 왜 저러시니?

아직도 마당에 계셔? 나 올 때도 계셨는데.

고사성어 유래

백안시 (白眼視)

'백안시'라는 말은 ≪진서(晉書)≫의 <완적전(阮籍傳)>에 나오는 말로 업신여긴다는 뜻입니다.

죽림칠현의 한 사람인 완적은 이름 있는 집안에서 태어나 많은 책들을 읽었으며 시도 잘 지었다. 또한 술을 즐겼고 거문고를 타는 데도 남다른 재주가 있었습니다.

그러나 완적은 남과 어울리는 것을 좋아하지 않았으며 형식에 얽매이는 것을 무척 싫어했습니다.

어느 날 완적의 어머니가 돌아가셨습니다. 그래서 죽림칠현의 한 사람이었던 혜강의 동생 혜희가 조문을 왔습니다.

그러나 완적은 혜희의 형식적인 조문이 마음에 들지 않아 차가운 눈으로 흘겨보았습니다.

무안해진 혜희는 급히 그 자리를 뜨고 말았습니다.

이 소식을 들은 혜강이 술과 거문고를 가지고 완적의 집으로 찾아가자 그제야 완적도 크게 기뻐하며 따뜻한 눈으로 반겼다고 합니다.

27 불구대천지수

❖ 함께 하늘을 이고 살 수 없는 원수란 뜻으로, 원래는 아버지의 원수를 말합니다.

不 俱 戴 天 之 讎
아니 **불**   함께 **구**   일 **대**   하늘 **천**   갈 **지**   원수 **수**

고사성어 유래

불구대천지수 (不俱戴天之讐)

 '불구대천지수'란 말은 ≪예기(禮記)≫의 <곡례편(曲禮編)>에 실려 있는 것으로 함께 하늘을 이고 살 수 없는 원수란 뜻입니다.
 아버지의 원수와는 함께 하늘을 이고 살 수 없을 만큼 깊은 원수이니 반드시 그 원한을 갚아야 한다는 뜻입니다.
 형제의 원수를 만났을 때도 집으로 무기를 가지러 갈 여유가 없으며, 서로 마음을 주던 가까운 친구 사이라면 친구의 원수 역시 적어도 한 나라에 살아서는 안 된다는 말입니다.

28. 비육지탄

❖ 할 일이 없어 가만이 놀고 먹기 때문에 넓적다리에 살만 찐다고 한탄한다는 뜻으로, 사람이 뜻을 펴보지 못한 채 허송세월하는 것을 한탄하는 말입니다.

髀 肉 之 嘆

넓적다리 **비**   고기 **육**   갈 **지**   한숨쉴 **탄**

고사성어 유래

비육지탄 (髀肉之嘆)

'비육지탄'이란 삼국 시대 유비 현덕(劉備玄德)이 한 말입니다.

유비는 한때 신야(新野)라는 작은 섬에서 4년 동안 할 일 없이 지냈는데, 어느 날 유표의 초대를 받아 연회에 참석하게 되었습니다.

술을 마시다 화장실에 간 유비는 우연히 자기 넓적다리가 유난히 살이 찐 것을 보게 되었습니다. 순간 그는 슬픔에 잠겨 눈물을 흘렸습니다.

그 눈물 자국을 본 유표가 이유를 캐묻자, 유비는 이렇게 대답하였습니다.

"나는 언제나 몸이 안장을 떠나지 않아 넓적다리에 살이 붙을 겨를이 없었는데 요즈음은 말을 타는 일이 없어 넓적다리에 살이 붙었습니다. 세월은 유수같이 흘러 머지않아 늙음이 닥쳐올 텐데 아무것도 이룬 것이 없어 그것을 슬퍼하였던 것입니다."

29 빙탄불상용

❖ 얼음과 숯은 함께 할 수 없다는 뜻으로, 즉 서로 화합하기 어려움을 의미하는 말입니다.

氷 炭 不 相 容

얼음 **빙**   숯 **탄**   아니 **불**   서로 **상**   얼굴 **용**

고사성어 유래

빙탄불상용 (氷炭不相容)

　이것은 ≪초사(楚辭)≫의 칠간(七諫)에 실려 있는 구절입니다. 칠간이란 한나라 사람인 동방삭(東方朔)이 굴원(屈原)을 추모하여 지은 글입니다.

　이 글에서는 굴원이 고향을 떠나 고민하는 모습이 그려지는데 고향에서 자기를 쫓아낸 사람들과 자신은 얼음과 숯 같은 사이여서 고향으로 돌아가고 싶지만 그들이 있는 고향으로 갈 수 없다는 것입니다.

30. 사면초가

❖ 사방에서 들려 오는 초나라의 노래라는 뜻으로, 사방이 모두 적에게 둘러싸여 꼼짝할 수 없다는 뜻입니다.

四 面 楚 歌

넉 사   낯 면   초나라 초   노래 가

내일은 내가 너희들 집을 방문해야 하는데.

간단하게 말씀 하세요. 가정방문이라구.

우와, 그 말을 어떻게 아니?

나를 완전히 바보로 아는구먼.

내가 맹구 때문에 맹구네 집을 한두 번 가니.

맞다구요. 거의 이틀에 한 번은 방문하시죠.

고사성어 유래

사면초가 (四面楚歌)

'사면초가'란 말은 ≪사기(史記)≫의 <항우본기(項羽本記)>에 실려 있습니다.

중국 초나라의 항우와 한나라의 유방이 패권을 다투는 싸움을 벌이다 유방이 초나라를 포위했으나 어떻게 해야 할지 그 대책을 세우지 못하고 있었습니다.

그러자 유방의 부하인 장량이 한나라에 항복한 초나라 군사를 시켜 초나라 노래를 부르게 했습니다.

한편 항우는 사방에서 들려 오는 초나라 노랫소리를 듣고 놀라며 말했습니다.

"한나라는 벌써 초나라를 빼앗았는가? 어찌 저렇게 많은 초나라 군사들이 있단 말인가?"

초나라 군사들은 자기 나라의 노래를 듣자, 하나 둘 고향을 생각하게 되었습니다. 그리고 얼마 후 병사들은 대열을 빠져나가 고향으로 돌아갔습니다.

31 사이비

❖ 겉 모습은 제법 비슷하지만 속이 다를 때 쓰는 말입니다.

似 而 非

같을 **사**   어조사 **이**   아닐 **비**

고사성어 유래

사이비 (似而非)

'사이비'란 말은 ≪맹자(孟子)≫의 <진심편(盡心編)>에 나오는 말입니다.

춘추 전국 시대 때 향원이라는 정직하고 부지런한 선비가 있었습니다. 하지만 공자는 항상 그를 비난했습니다.

이러한 모습을 본 만장은 자기의 스승인 맹자에게 그 까닭을 물었습니다. 그러나 맹자는

"향원은 물론 비난할 데가 없이 똑똑하고 현명한 사람이다. 또한 얼핏 보기에는 신의가 두텁고 정직한 것 같지만 그와 함께 참다운 성현의 길로 들어설 수는 없다. 그래서 공자께서 '나는 같고도 아닌 것은 미워한다'라고 말씀하신 것이다. 공자께서는 향원의 재주가 정의를 혼란시키고 덕을 어지럽힐까 염려하여 그를 비난하신 것이다."

라고 말했습니다.

그 후 진짜인 것 같으면서 가짜인 것을 가리킬 때 '사이비'란 말을 많이 쓰게 되었습니다.

32. 사후약방문

❖ 병이 나서 이미 죽은 뒤에 약을 짓는다는 뜻으로, 즉 **시기를 놓친 것**을 의미합니다.

死 後 藥 方 文

죽을 **사**   뒤 **후**   약 **약**   모 **방**   글월 **문**

고사성어 유래

사후약방문 (死後藥方文)

'사후약방문'은 조선 인조(仁祖) 때 학자 홍만종(洪萬宗)의 ≪순오지(旬五志)≫에 나오는 말입니다.

굿이 끝난 뒤에 장구를 치는 것은 모든 일이 끝난 뒤에 쓸데없는 짓을 하는 것과 같고, 말을 잃어버린 후에는 마구간을 고쳐도 소용없다는 뜻입니다.

그러므로 '사후약방문'은 사람이 죽은 후에 아무리 좋은 약을 써도 소용이 없다는 말로 어떤 일이 일어나기 전에 미리미리 근본적인 대책을 세울 줄 아는 현명한 사람이 되어야 한다는 말입니다.

33. 살신성인

❖ 목숨을 바쳐 인(仁)을 이룬다는 뜻으로, 옳은 일을 위해서 희생할 때 쓰입니다.

殺 身 成 仁
죽일 **살**　　몸 **신**　　이룰 **성**　　어질 **인**

오늘은 나라를 위해 돌아가신 분들에 대해서 알아보기로 한다.

쿨쿨

누구 생각나는 사람 있으면 얘길 해 봐.

저요, 스승님!

우와!

그래, 맹구 한번 해 봐.

유관순 할머니요.

킥킥킥 유관순 할머니래

고사성어 유래

살신성인 (殺身成人)

    살신성인은 ≪논어(論語)≫의 <위령공편(衛靈公篇)>에 나오는 말로, 정의에 뜻을 둔 사람과 어진 덕을 갖춘 사람은 삶이 소중하다고 하여 그것 때문에 인(仁)을 잃거나 하는 일은 절대로 하지 않으며, 오히려 때로는 자기의 목숨을 버리고서라도 인을 달성하기에 힘쓴다는 뜻입니다.

34. 삼고초려

❖ 인재(人材)를 맞아들이기 위하여 여러 번 찾아가서 예를 다하는 일을 말합니다.

三 顧 草 廬

석 **삼**   돌아볼 **고**   풀 **초**   오두막집 **려**

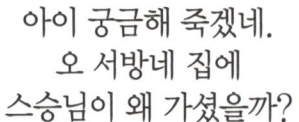

고사성어 유래

삼고초려 (三顧草廬)

'삼고초려'란 말은 ≪삼국지(三國志)≫의 <제갈량전(諸葛亮傳)>에 나오는 말입니다.

촉한의 유비는 용맹스러운 장수를 거느리고는 있었지만 지략에 뛰어난 사람이 없어 항상 고민하고 있었습니다.

그러던 중에 초가집을 짓고 한가로이 은둔 생활을 하는 제갈공명(諸葛孔明)이라는 사람이 뛰어난 지략가라는 말을 듣고 그를 찾아갔습니다.

그런데 두 번이나 찾아갔지만 그를 만나지 못하고 돌아오자, 모든 사람들이 유비를 만류했습니다. 그러나 유비는 제갈공명을 자기 편으로 만들기 위해서는 어떤 일이든 해야 한다는 생각에 또다시 그를 찾아갔습니다.

제갈공명은 유비의 이러한 끈질긴 노력에 감동하여 그를 돕기로 결심하였습니다.

삼고초려는 유비가 제갈공명의 초가집을 세 번이나 방문한 데서 유래된 말입니다.

35. 순망치한

❖ 입술이 없으면 이가 시리다는 뜻으로, 서로 친한 두 사람 중 한 사람이 망하면 다른 한 사람도 위험하다는 말입니다.

脣 亡 齒 寒

입술 순　　망할, 잃을 망　　이 치　　찰 한

순망치한 (脣亡齒寒)

'순망치한'은 ≪춘추좌씨전(春秋左氏傳)≫에 나오는 말입니다.

진나라는 괵나라를 정벌하기 위하여 우나라의 길을 빌려 달라는 부탁을 하기 위해 많은 보물을 가지고 우나라로 갔습니다.

진나라에서 괵나라로 가려면 반드시 우나라를 통과하지 않으면 안 되었기 때문입니다.

그러나 우나라 궁지기(宮之奇)는 다음과 같이 말하였습니다.

"괵나라가 망하면, 우나라도 반드시 망할 것입니다. 속담에 수레의 짐받이 판자와 수레바퀴는 서로 의지하며, 입술이 망하면 이가 다친다는 말이 있습니다. 이것은 곧 우나라와 괵나라를 두고 말한 것입니다."

그러나 진나라의 뇌물을 받은 우나라 왕은 궁지기의 말을 듣지 않았습니다.

결국 진나라는 괵나라를 공격하여 멸망시키고, 뿐만 아니라 돌아오는 길에 우나라를 공격하여 멸망시켜 버렸습니다.

이처럼 한 쪽이 망하면 다른 한 쪽도 위태롭게 되는 관계를 순망치한이라고 합니다.

36 양상군자

❖ 대들보 위의 군자라는 말로, 도둑이나 쥐를 가리킬 때 쓰는 말입니다.

梁 上 君 子

들보 량   위 상   임금 군   아들 자

고사성어 유래

양상군자 (梁上君子)

'양상군자'란 《후한서(後漢書)》에 나오는 말입니다.

후한 말 진식이라는 사람이 있었는데 그는 겸허하고 성품이 온순하여 사람들로부터 존경을 받았습니다.

어느 해 그가 현령으로 부임한 태구현에 큰 흉년이 들어 많은 백성들이 어려움을 당하게 되었습니다.

그러던 어느 날 밤에 도둑이 진식의 방에 들어와, 대들보 위에 숨어 있었습니다.

진식은 그 사실을 알고 있었지만, 위엄을 갖추고 아들과 손자를 불러들여 다음과 같이 말했습니다.

"모름지기 사람은 스스로 힘써야만 한다. 악행을 하는 사람도 반드시 본래는 악한 사람이 아니다. 단지 주위 환경과 잘못된 생각으로 끝내 악으로 내닫게 된다. 여기에 있는 이 양상군자도 이와 같은 사람이다."

도둑은 그 말을 듣고 크게 놀라, 스스로 대들보에서 내려와 머리를 조아리며 용서를 빌었다고 합니다.

37. 오리무중

❖ 안개가 5리나 이어져 있다는 뜻으로, 방향과 위치를 짐작하지 못하여 당황할 때 쓰입니다.

五 里 霧 中
다섯 오　마을 리　안개 무　가운데 중

고사성어 유래

오리무중 (五里霧中)

'오리무중'이란 말은 ≪후한서(後漢書)≫의 <장해전편(張楷傳編)>에서 비롯된 고사성어입니다.

후한 중기에 장해라는 사람은 학문과 도술에 능했지만 벼슬을 마다하고 산 속에서 살았습니다.

그의 도술 중에는 안개를 일으키는 것이 있었는데 거뜬히 5리까지는 안개를 만들 수 있었습니다.

그 때 관서 사람인 배우 또한 능히 3리 정도의 안개를 일으킬 수 있었습니다. 그러나 그는 장해에게는 미치지 못한다고 생각해 그의 제자가 되려고 찾아지만 장해는 안개를 일으켜 숨어 버리고 말았습니다.

그런데 후에 배우는 안개를 일으켜 나쁜 일을 저지르다 체포되자 장해로부터 그 재주를 배웠다고 거짓 진술을 했습니다. 모함을 받은 장해가 잡혀와 감옥에 갇혔으나 얼마 후에 사실이 밝혀져 석방되었습니다.

요즈음은 어떤 일에 단서가 없고 어찌하면 좋을지 모르는 경우에 많이 쓰이는 말입니다.

38. 온고지신

❖ 지나간 옛 것을 익힘으로써 새 것을 알 수 있게 된다는 말입니다.

溫 故 知 新

따뜻할 온   연고, 옛 고   알 지   새 신

반만 년의 역사를 이어 온 우리 나라는 고조선을 거쳐

드르릉 쿨~ 드르릉 쿨~

자냐? 얘들아 자니?

아이, 스승님. 왜 자꾸 시끄럽게 그러시는 거예요.

스승님은 잠도 없으신가 보죠.

그래, 맹구 너 말 잘한다.

이것들이 정말 보자 보자하니까.

꺄야~ 모두 기상

고사성어 유래

온고지신 (溫故知新)

'온고지신'이란 ≪논어(論語)≫의 <위정편(爲政編)>에 나오는 고사성어입니다.

이는 옛 것을 익혀 그것으로 미루어 새 것을 알면 남의 스승이 될 수 있다는 뜻입니다. 곧 옛 것에 대한 올바르고 정확한 지식이 있으면 능히 현재뿐만 아니라 미래에 대한 일까지도 현명하게 대처할 수 있다는 말입니다.

현재의 모든 것은 옛 것을 토대로 생겨난 것이지 어느 날 갑자기 현재와 같은 생활이 생겨난 것은 아니라는 말입니다.

또한 이 말은 현재에 대한 올바른 견해를 가져야 한다는 말과도 통합니다. 그것은 지금 이 순간도 곧 과거가 되기 때문입니다.

39. 와신상담

❖ 딱딱하고 불편한 장작 위에서 잠을 자고 쓸개의 쓴 맛을 본다는 뜻으로, **큰 목적을 달성하기 위해서 고통을 참고 견디는 것**을 말합니다.

臥 薪 嘗 膽
누울 **와**   땔나무 **신**   맛볼 **상**   쓸개 **담**

와신상담 (臥薪嘗膽)

'와신상담'이란 말은 원래 두 가지 경우가 합쳐져서 이루어진 말로 ≪사기(史記)≫의 <월세가(越世家)>에 나옵니다.

오나라의 왕 합려는 월나라로 쳐들어갔으나 월나라 왕 구천에게 목숨을 잃었습니다. 그러자 그의 아들 부차는 아버지의 원수를 갚기 위해 장작 위에 잠자리를 마련하였습니다.

그리고 방 앞에 사람을 세워 두고 출입할 때마다

"부차야, 아비의 원수를 잊었느냐!"

하고 외치게 하였습니다.

부차의 이와 같은 소식을 들은 월왕 구천이 오나라를 먼저 쳐들어갔으나 패하고 말았습니다.

한편 포로가 된 구천은 갖은 고생과 모욕을 겪은 끝에 영원히 오나라의 속국이 될 것을 맹세한 후에야 무사히 돌아올 수 있었습니다.

구천은 돌아오자 자리 옆에 항상 쓸개를 매달아 놓고 앉거나 눕거나 늘 이 쓸개의 쓴맛을 되씹으며

"너는 치욕을 잊었느냐!"

하며 자신을 채찍질하였습니다.

이와 같이 '와신상담'이란 부차의 와신과 구천의 상담이 합쳐져서 된 말입니다.

40. 완벽

❖ 흠이 없는 구슬이란 뜻으로, 완전무결하여 결점을 찾을 수 없을 때 쓰는 말입니다.

완전할 **완**   둥근 옥 **벽**

고사성어 유래

완 벽 (完璧)

'완벽'이란 말은 ≪사기(史記)≫의 <인상여전(藺相女傳)>에 나오는 말입니다.

전국 시대, 조나라 혜문왕은 진기한 '화씨(和氏)의 벽'이라는 값비싼 옥구슬을 가지고 있었습니다.

조나라 서쪽에는 그즈음 비로소 강해진 진나라가 있었습니다. 그 진나라의 소양왕은 조나라에 있는 진귀한 보물인 옥구슬을 어떻게 해서든지 손에 넣고 싶었습니다.

그래서 사자(使者)를 보내 진나라 영토 안에 있는 15성을 줄 테니, 옥구슬과 바꾸지 않겠느냐고 물었습니다.

조나라로서는 매우 곤란한 일이 아닐 수 없었습니다. 만약 그 청을 거절하면 그것을 구실로 싸움을 걸어 올 우려가 있고, 청하는 대로 보물을 주었다가는 시치미를 잘 떼는 소양왕이 구슬만 받고 15성에 대해서는 모른 체할지도 몰랐기 때문입니다.

그러자 혜문왕은 중신들을 모아 놓고 의논하였는데, 그 때 보물의 원래 주인이었던 무현이 일어나

"진의 요구는 실로 난처한 것이오나, 제가 데리고 있는 사람 중에 인상여라는 지모(知謀)와 용기를 함께 갖춘 사람이 있사옵니다. 그 사람이라면 진나라에 가더라도 조금도 그들에게 지지 않을 줄 아옵니다."

라고 말했습니다.

　부름을 받고 온 인상여를 보니 과연 당당한 풍채에 믿음직해 보이는 사람이었습니다. 게다가 그는 조금도 주저하지 않고 진나라에 가겠다고 말했습니다.

　옥구슬을 가지고 진나라에 온 인상여를 만난 소양왕은 옥구슬을 받아 들고 만족스러운 얼굴로 중얼거렸습니다.

　"음, 이게 그 이름난 옥구슬인가! 과연 훌륭한 것이로군!"

　소양왕은 그것을 가까이 있는 신하와 후궁들에게 주어 구경하게 하였습니다. 그런데 이 보물과 바꾸자고 한 15성에 대한 이야기는 털끝만치도 꺼내지를 않았습니다.

　이렇게 될 것을 미리 짐작하고 있던 인상여는 눈썹 하나 까딱하지 않고, 조용히 왕 앞에 나아가 말했습니다.

　"그 옥구슬에는 한 군데 희미한 티가 있사온데 가르쳐 드리고자 하옵니다."

　이 말을 들은 소양왕이 아무 의심 없이 그 보물을 인상여에게 건네 주었습니다.

　그러자 인상여는 보물을 손에 쥔 채 슬금슬금 뒷걸음질하여 뒤쪽 기둥에까지 가더니 갑자기 무섭게 성난 얼굴로 소양왕을 뚫어지게 노려보며 소리쳤습니다.

"우리 조나라는 진나라와의 정의를 중히 여겨 소신으로 하여금 옥구슬을 가지고 오게 하였습니다. 그러나 왕께서는 옥구슬만 가지시고, 약속한 15성을 주려는 기색이 전혀 없음을 알았습니다. 이제 옥구슬은 제 수중에 되돌아 왔습니다. 만약에 빼앗으려 한다면 내 머리와 함께 이 옥구슬도 기둥에 부딪혀 깨어 버릴 것입니다."

거만하던 소양왕도 옥구슬을 깨뜨려 버리겠다는 말에 부드러운 얼굴로 15성과 바꿀 것을 다시금 약속했습니다.

그러나 인상여는 소양왕의 속셈을 눈치채고, 엉뚱한 구실을 내세워 옥구슬을 가지고 숙소에 돌아가서는 부하를 변장시켜 옥구슬을 가지고 살며시 조나라로 돌아가게 하였습니다.

애당초 15성을 줄 생각이 전혀 없었던 소양왕은 보물을 손에 넣지 못한 것이 유감스러웠습니다.

그리고 자기를 놀린 인상여가 괘씸했지만, 반면 훌륭한 담력이 있는 사나이라는 생각이 들어 흥분한 신하들을 달래어 정중히 인상여를 대접한 후 무사히 조나라로 돌아가게 해 주었습니다.

41. 자포자기

❖ 스스로 자신을 학대하고 버린다는 말로서 절망으로 자신을 돌보지 않고 마구 방치할 때 쓰는 말입니다.

自 暴 自 棄
스스로 **자**   사나울 **포**   스스로 **자**   버릴 **기**

세계에는 수많은 나라가 있는데,

쿨~
드르렁

그 중에는 대통령이 다스리는 나라, 왕이 다스리는 나라….

드르렁
쿨

자니?
전부 자니?

드르렁
쿨~

아유, 내 신세야.
이것들 깨우다가 매일 날 새는구나.

음냐…
음냐…
드르렁~

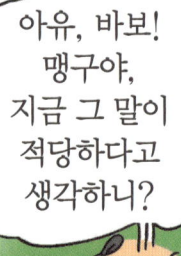

고사성어 유래

자포자기 (自暴自棄)

'자포자기'란 말은 ≪맹자(孟子)≫의 <이루편(離婁篇)>에 나오는 말입니다.

이루편에서 맹자는

"스스로를 학대하는 사람, 즉 자포하는 사람과는 함께 이야기 할 수 없고, 자기를 버리는 사람, 즉 자기하는 사람하고는 함께 일할 수가 없다. 또한 도덕적 가치를 높이 평가하면서도 인이나 의는 자신과 무관하다고 생각하는 것도 또한 자기이다."

라고 했습니다.

사람이 자신이 지켜야 할 도리를 지키지 않고, 올바른 일을 행하지 않고 될대로 되라는 식으로 생각하는 경우를 '자포자기'라고 합니다.

42 적반하장

❖ 도둑질한 사람이 매를 든다는 뜻으로 **잘못한 사람이 오히려 당당하게 나올 때 쓰는** 말입니다.

賊 反 荷 杖
도둑 **적**   돌이킬 **반**   멜, 짐 **하**   지팡이 **장**

오늘은 여러분의 정서 함양을 위해 "어머니"란 시를 감상하겠다.

언년이 일어나서 한번 조용히 읽어 봐.

음음, 어머니. 들로 가신 엄마 생각.

책을 펼치면 책장은 그대로 푸른 보리밭.

이 많은 이랑의 어디 만큼에

고사성어 유래

적반하장 (賊反荷杖)

적반하장은 ≪순오지≫, ≪송남잡지≫, ≪동언고략≫ 등에 실려져 있습니다.

≪순오지≫를 보면 "도둑이 도리어 몽둥이를 든다는 말은 잘못을 저지른 자가 성내며 덤비는 경우를 빗댄 것이다."라고 쓰여 있습니다.

우리 나라의 옛 속담에는 "방귀 뀐 놈이 성낸다."는 말이 있듯이 잘못한 사람이 자신의 잘못을 전혀 뉘우치지 않고 도리어 화를 내며 상대방에게 덤벼들거나 죄를 뒤집어씌울 때 '적반하장'이란 말을 합니다.

우리 어린이들은 이런 적반하장하는 경우가 없어야 할 것 같습니다.

43. 조삼모사

❖ 얄팍한 꾀로 남을 속일 때, 혹은 눈앞의 이익만을 따져 결과가 같음을 모를 때도 쓰는 말입니다.

朝 三 暮 四
아침 조 　석 삼 　저물 모 　넉 사

고사성어 유래

조삼모사 (朝三暮四)

'조삼모사'는 ≪열자(列子)≫의 <황제편(黃帝篇)>에 나오는 말입니다.

중국의 송나라 때, 저공이라는 사람이 여러 마리의 원숭이를 기르고 있었습니다. 그는 많은 원숭이 때문에 식구들의 양식까지 줄여가면서 원숭이를 먹이는 그런 사람이었습니다.

어느 해 흉년이 들자 많은 원숭이를 먹일 식량이 부족하였습니다. 생각다 못한 저공은 원숭이의 먹이를 줄이기로 결정하고는 원숭이에게 다음과 같이 말했습니다.

"이제부터는 너희들에게 도토리를 하루에 일곱 개씩 주겠다. 아침에 세 개, 저녁에 네 개를 주려고 하는데 어떠냐?"

이 말을 듣고 있던 원숭이들은 모두 화를 내며 소란을 피웠습니다. 저공은 원숭이들의 마음을 잘 알고 있었기 때문에

"그럼 아침에 네 개, 저녁에 세 개를 주겠다. 이렇게 하면 괜찮겠지?"

라고 말했습니다.

그러자 원숭이들이 몹시 기뻐하는 것이었습니다.

이 이야기는 눈앞의 이익만 생각할 뿐 결과가 같다는 것을 모르는 어리석음을 빗대서 한 말입니다.

44 천고마비

❖ 하늘은 높고 말은 살찐다는 뜻으로, 좋은 계절인 가을을 비유할 때 쓰는 말입니다.

天 高 馬 肥
하늘 천　　높을 고　　말 마　　살찔 비

이제 머잖아 가을이 오니까 우리 가을에 대해서 얘기해 보자.

스승님, 전요 가을이 되면 책을 읽을 거예요.

그래, 청해가 아주 좋은 생각을 했구나. 그래 무슨 책?

자고로 가을은 독서의 계절이니까, 책다운 책!

음~. 연인들의 사랑을 노래한 순정 소설 어때요?

덕~

천고마비 (天高馬肥)

'천고마비'는 ≪한서(漢書)≫의 <흉노전(匈奴傳)>에 나오는 말로, 하늘이 높고 말이 살찐다는 뜻입니다.

옛날의 중국은 흉노라는 북방 민족에게 침략을 당해 골머리를 썩고 있었습니다. 그래서 역대의 왕조는 이를 방어하기에 고심해 왔습니다.

흉노는 주에서 진, 한, 6조에 이르는 약 2000년 동안 중국의 골칫거리가 된 사나운 민족이었습니다.

진나라의 시황제는 이들을 멀리 쫓고 침입을 막기 위하여 만리장성을 쌓았고, 한나라는 미인을 그들의 수령에게 주어 달래기도 했습니다.

흉노는 말타기와 말 위에서 활쏘기에 능했고, 항상 무리를 지어 바람같이 쳐들어와서 사람과 가축을 살상하고 재물을 약탈한 다음엔 다시 바람같이 달아나는 것이었습니다.

그들은 중국 본토의 북쪽에 있는 넓디넓은 초원에서 방목과 수렵을 하며 지냈습니다. 초원에 사는 그들은 여자나 어린아이나 모두 말을 자기 몸의 일부처럼 자유자재로 타고 다녔습니다.

봄에서 여름에 걸쳐 풀밭에서 배부르게 풀을 뜯어 먹은 말은 가을이 되면 통통하게 살이 올랐습니다.

고사성어 유래

　그러다 초원에 풀이 마르고, 혹독한 추위의 겨울이 왔습니다. 10월만 되면 대낮에도 영하로 내려가는 추위 때문에 방목은 불가능하였습니다.
　살이 쪘던 말들도 이 겨울에는 제대로 먹지 못했기 때문에 봄이 왔을 때에는 바짝 말라 있었습니다. 봄 여름 동안의 축적이 없었다면 말은 굶주림과 추위에 견디지 못했을 것입니다.
　가을이 오자 들판의 풀은 마르고 말은 살쪘습니다. 살찐 말을 타고 잘 다듬어진 활과 화살을 가진 흉노들이 겨울 먹이를 구하기 위해 중국 본토로 쳐들어왔던 것입니다. 그래서 가을이 되면 북방에 사는 중국 사람들은 항상 두려움에 떨었습니다.

45. 철면피

❖ 남에게 부끄럽거나 창피할 줄 모르는 뻔뻔스러운 사람을 가리킬 때 쓰는 말입니다.

鐵 面 皮
쇠 철   낯 면   가죽 피

애들아, 애들아. 우리 제기차기 하면서 놀까?

그래. 스승님도 아직 안 오셨는데.

오 서방, 넌 몇 번 못할 게 뻔하니까 너 먼저 해.

딴건 못 해도 제기 차긴 잘한다.

하나, 둘, 셋, 넷….

우와!

철면피 (鐵面皮)

'철면피'는 ≪북몽쇄언(北夢瑣言)≫이란 책에 실린 말입니다.

송나라에는 왕광원이란 사람이 있었는데 그는 학문과 재주가 뛰어나 어렵지 않게 진사 급제까지 했습니다.

그러나 이 사람은 출세욕에 눈이 어두워 윗자리 사람에겐 말할 것도 없고, 권세 있는 사람들은 일일이 찾아다니며 아첨을 하였습니다.

그것도 보통 사람들의 아첨과는 정도가 달라, 남이 보든 안 보든 굽신거리며 비굴하게 구는 모습이 뭇사람들의 눈살을 찌푸리게 했습니다.

"야아, 이건 대단한 시(詩)올시다. 이렇게 훌륭한 시는 저희들로서는 도저히 써 볼 길이 없지요. 시를 보고 있으면 그 높으신 인품이 엿보이고 신령스런 향기가 나는 듯합니다. 이태백도 이렇게 훌륭한 시는 못 쓸 것입니다."

그는 이런 낯간지러운 소리를 예사로 했습니다. 곁에서 듣고 있는 사람이 어떤 얼굴을 하거나 전혀 개의치 않았습니다.

그는 또한 상대방이 술이 취해서 어떤 주정을 해도 화내지 않고 싱글싱글 웃으며 아첨하기를 그치지 않았습니다.

한번은 술취한 상대가 무슨 이유인지 채찍을 들고
"자네를 때리려고 하는데 그래도 좋은가?"

하고 말했습니다.
 "각하의 채찍이라면 달게 받겠습니다."
하며 등을 내밀었습니다.
 "오냐, 그럼 맞아 보아라."
 주정꾼은 일어서더니 정말로 왕광원을 때렸습니다. 그래도 그는 화내지 않고, 여전히 아부의 말만 하며 굽실거렸습니다.
 같은 자리에 있었던 친구가 그 뒤에
 "자네는 수치를 모르나? 여러 사람이 있는 자리에서 그런 봉변을 당하고도 가만히 있다니 그게 무슨 꼴인가?"
하고 말했습니다.
 왕광원은 별일 아니라는 듯이
 "하지만 그 사람에게 환심을 사 두어야 할 것 아닌가?"
하며 당연한 일인 듯이 대답했습니다.
 그 때 사람들은 왕광원을 가리켜
 "광원 얼굴 두껍기가 열 겹 철갑과 같다."
고 했습니다.

46. 타산지석

❖ 다른 사람의 하찮은 언행도 자신의 덕을 닦는 데 도움이 된다는 말입니다.

他 山 之 石

다를 **타**   뫼 **산**   갈 **지**   돌 **석**

고사성어 유래

타산지석 (他山之石)

'타산지석'이란 말은 ≪시경(詩經)≫의 <학명편(鶴鳴編)>에 나오는 말입니다.

옥돌을 곱게 갈기 위해서는 같은 옥돌로 갈아서는 안 됩니다. 왜냐하면 서로 단단함이 같기 때문입니다. 따라서 보통 돌을 사용해야만 옥돌을 갈 수 있습니다.

'타산지석'이란 말은 여기서 나온 말인데, 비록 다른 산에서 쓸모없이 굴러다니던 돌일지라도 그 돌이 또 다른 산에 가면 옥돌을 가는 귀중한 곳에 쓰일 수 있다는 뜻입니다.

이것을 사람에 비유해 보면 아무리 보잘것 없고 초라해 보이는 사람에게도 무엇이든 간에 배울 점이 있다는 말이니, 겉모습만 보고 함부로 사람을 무시해서는 안 될 것입니다.

47 파죽지세

❖ 감히 대적할 수 없을 정도로 막힘 없이 무찔러 나아가는 맹렬한 기세를 뜻하는 말입니다.

破 竹 之 勢

깨트릴 **파**   대나무 **죽**   갈 **지**   세력, 기세 **세**

너희들이 그렇게 원하던 소풍을 왔으니 오늘만큼은 신나게 놀아도 좋다.

와! 왕!

얘들아, 우리 둘씩 편갈라서 닭싸움하자.

그래, 도시락 내기 하는 게 어때?

나 오 서방이랑 한편할 거야.

좋아, 난 맹구랑 한편할래.

고사성어 유래

파죽지세 (破竹之勢)

'파죽지세'는 ≪진서(晉書)≫에 나오는 말입니다.

진나라의 총대장인 두예가 오나라를 치기 위하여 작전 회의를 열었습니다. 그 때 부하 중 한 명이 오나라를 공격하는 것은 무리라고 말했습니다. 계절이 봄이기 때문에 비도 자주 내리고 전염병도 돌기 쉬우니 싸움을 연기하는 것이 좋겠다는 것이었습니다.

이 말을 들은 두예는

"지금 우리 군사의 사기는 마치 대나무를 쪼개는 듯한 기세이다. 대나무는 두세 마디만 쪼개면 그 다음부터는 칼날을 대기만 해도 저절로 쪼개진다. 그러므로 지금 쳐들어가면 분명히 승리할 수 있다."

하고 말했습니다.

두예의 말처럼 진나라는 오나라를 쉽게 이길 수 있었습니다.

'파죽지세'는 위와 같은 두예의 말에서 유래된 것입니다.

48. 함흥차사

❖ 함흥으로 떠난 사신이란 말로, 심부름을 떠난 사람에게서 아무런 소식이 없을 때 쓰는 말입니다.

咸 興 差 使
다 **함**　　흥할 **흥**　　어긋날 **차**　　부릴 **사**

아니, 맹구야. 너 오늘 무슨 날이니? 왜 이렇게 일찍 서당에 왔어?

나 참, 스승님도. 지금 시간이 몇신데요.

벌써 10시라구요.

녀석. 아직도 시계 볼 줄 모르는 모양이구나. 지금은 8시야.

네에? 아유 참, 우리 집 시계가 또 고장났나 봐요.

끝까지 시계 볼 줄 모른단 소릴 안 해.

고사성어 유래

함흥차사 (咸興差使)

'함흥차사'라는 말은 심부름을 간 사람에게서 소식이 없거나 또는 회답이 좀처럼 오지 않음을 비유하는 말입니다.

조선 태조 이성계는 두 차례에 걸친 왕자의 난에 크게 노하여 왕위를 정종에게 물려 주고 고향인 함흥으로 가 버렸습니다.

그 뒤 정종의 뒤를 이어 왕이 된 태종이 아버지의 노여움을 풀고자 함흥으로 여러 번 사신을 보냈으나, 이성계는 그 사신들을 잡아 가두거나 죽이곤 하였습니다.

그래서 한 번 간 사신은 아무도 돌아오지 않았습니다.

여기서 한 번 가면 깜깜 소식이라는 말로 함흥차사가 유래된 것입니다.

49 형설지공

❖ 반딧불과 눈을 모아 그 빛으로 글을 읽는다는 뜻으로, 어려운 환경 속에서 열심히 공부하는 것을 일컫는 말입니다.

螢 雪 之 功
반딧불 **형**　눈 **설**　갈 **지**　공 **공**

언년이, 엄청해.
네. 네.

오 서방, 오 서방.
오 서방은 오늘 결석했대요.

네, 오 서방 왔습니다.
하필 지금 나타나냐. 무슨 말하기가 무섭다니까.
헥헥!

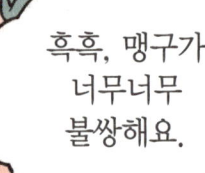

고사성어 유래

형설지공 (螢雪之功)

지금으로부터 약 1500년 이상 오래된 옛날, 중국 동진(東晉) 때의 일입니다.

그 나라에 차윤이라는 사람이 있었습니다. 어릴 때부터 부지런하고 상냥한 차윤은 책도 많이 읽어 지식이 높았습니다.

그러나 그의 집이 가난하여 밤에는 책을 읽으려 해도 등잔불을 켤 기름이 없는 때가 많았습니다.

낮에는 일을 해야 하므로 마음대로 책을 읽을 수가 없었고, 밤에는 등불이 없어 읽을 수가 없었습니다. 그러나 책 읽기를 밥 먹기보다 더 좋아하는 차윤에게는 어두운 밤을 그냥 보내기가 여간 안타까운 일이 아니었습니다.

그래서 차윤은 한 가지 꾀를 생각해 내었습니다. 그건 여름철이 되면 반딧불이를 수십 마리 잡아 엷은 명주로 만든 주머니 속에 넣어 등불 대신으로 사용하여 밤새 책을 읽었던 것입니다.

이 정도로 열심히 공부를 한 차윤은 나중에 상서랑(尙書郞)이라는, 천자 옆에서 중요한 일을 보는 벼슬을 지냈습니다.

또 같은 시대의 사람 손강은 어릴 때부터 마음씨가 착하여 나쁜 일은 한 번도 하지 않고 사는 깨끗한 사람이었습니다.

그는 친구를 사귈 때에도 좋은 친구를 골랐고, 나쁜 친구는

고사성어 유래

가까이하지 않으려 애썼습니다.

 그도 집이 가난하여 밤이면 책 읽을 등불이 없는 때가 많았습니다. 그래서 그는 겨울 저녁 창가에 쌓인 눈에 책을 가까이 대고 그 눈의 흰빛에 비쳐 독서를 했습니다.

 이렇게까지 열심히 책을 읽은 손강은 뒤에 어사대부(御史大夫)란 벼슬 자리에 오르게 되었습니다.

부록

고사성어 유래

구우일모 (九牛一毛)

'구우일모'는 ≪한서(漢書)≫의 ≪보임안서(報任安書)≫에 나오는 글로 많은 것 중에 가장 적은 것을 나타내는 말입니다.

한(漢)나라 무제 때 이릉은 무사 장군 이광리의 별동대가 되어 흉노를 정벌하러 나갔습니다. 5000명의 보병을 이끌고 나갔던 이릉 장군은 열 배가 넘는 적의 기병을 맞아 십여 일 동안 잘 싸웠으나 결국에는 패하고 말았습니다.

그런데 그 이듬해 싸움에서 전사한 줄 알았던 이릉이 흉노에게 항복하여 후한 대접을 받으며 지내고 있다는 사실이 알려졌습니다.

이를 안 무제는 크게 화를 내며 이릉의 일족을 참형에 처하라고 엄명했습니다.

그러나 대부분의 신하들은 자기 몸의 안전과 이익을 위해 무제의 눈치만 살필 뿐 누구 하나 이릉을 위해 변호하는 사람이 없었습니다.

이 때 오직 한 사람, 이릉을 변호하기 위해 나선 사람이 사마천이었습니다. 사마천은 이릉이 나라가 어려울 때는 생명을 걸고 적지에 뛰어들어 나라를 구할 용장이라고 굳게 믿었습니다.

그는 사태의 진상을 살피고 나서 솔직하게 무제에게 아뢰었습니다.

"이릉은 적은 병력으로 대군의 적과 싸웠으나 원군은 오지 않고, 아군 속에서 반역자가 생겨 어쩔 수 없이 패한 것으로 생각되옵니다. 그리고 그가 흉노에게 투항한 것은 반드시 훗날 성은에 보답할 기회를 노려 한 행동으로 생각되옵니다."

이 말을 들은 무제는 크게 진노하여 사마천을 감옥에 가두었습니다.

사마천은 친구에게 쓴 글에서 이렇게 말했습니다.

"내가 법에 따라 사형을 받는다고 해도 그것은 한낱 아홉 마리의 소 중에서 터럭 하나를 잃은 것으로밖에 생각하지 않을 것이네. 그리고 세상 사람들 또한 내가 죽는다 해도 절개를 위해 죽었다고 생각하기는커녕 나쁜 말 하다가 큰 죄를 지어서 죽었다고 여길 것이네."

단 장 (斷腸)

'단장'은 ≪세설신어(世說新語)≫의 <출면(黜免)>에 나오는 말로, 창자가 끊어질 듯한 슬픔을 비유할 때 쓰입니다.

진나라의 환온이라는 사람이 촉나라를 정벌하기 위해 여러 척의 배에 군사를 나누어 태우고 양자강 제일의 난관이라고 일컫는 삼협을 지나게 되었습니다.

그런데 환온의 부하 하나가 원숭이 새끼 한 마리를 붙잡아서 배에 실었습니다. 이를 본 어미 원숭이가 소리를 지르며 뒤따라왔으나 물 때문에 배에는 오르지 못하고 강가에서 슬프게 울부짖는 것이었습니다.

배가 출발하자 어미 원숭이는 강가의 위험한 절벽도 아랑곳하지 않고 사적으로 배를 쫓아왔습니다.

마침내 배가 강기슭에 닿자 뒤쫓아온 어미 원숭이가 재빠르게 배에 뛰어오른 후 그대로 죽고 말았습니다.

이상하게 생각한 사람들이 그 어미 원숭이가 왜 죽었는지 살펴보기 위해 배를 갈라 보니 창자가 토막토막 끊어져 있었습니다. 새끼를 빼앗긴 것이 어미 원숭이에게는 너무나 원통했기 때문입니다. 이 사실을 안 환온은 크게 노하여 원숭이 새끼를 잡은 그 부하를 벌주었다고 합니다.

고사성어 유래

모순 (矛盾)

'모순'이란 말은 행동의 앞뒤가 맞지 않을 때 쓰이는 말입니다.

어느 날 초나라 장사꾼이 시장터에서 방패와 창을 늘어놓고 청산유수 같은 말솜씨를 자랑하며 무기를 팔고 있었습니다.

"자, 보십시오. 여기 이 방패는 어디서나 파는 그런 것이 아니오. 명인의 손으로 만든 이 방패는 어찌나 견고한지 어떤 날카로운 창이라도 막아낼 수 있습니다."

이렇게 자랑한 장사꾼은 이번에는 창을 집어 들고 떠들어댔습니다.

"자, 이 창을 보십시오. 서릿발같이 날카로운 창 끄트머리, 세상에 이보다 좋은 창을 보신 일이 있습니까? 이 창 앞에는 그 어떤 방패라도 소용이 없습니다. 단번에 뚫을 수 있는 창이니까요."

그러자 구경꾼들 중의 한 사람이 나서서 물었습니다.

"당신이 파는 창과 방패는 참으로 훌륭한 것이오. 그런데 그 창으로 그 방패를 찌르면 어떻게 되는 거요?"

장사꾼은 대답을 못하고 얼굴을 붉힌 채 서둘러 그 자리를 떠났습니다.

고사성어 유래

새옹지마 (塞翁之馬)

'새옹지마'는 인생의 길흉화복을 예측할 수 없다는 말입니다.

옛날 중국 북방의 요새 근처에 점을 잘 치는 한 할아버지가 살고 있었습니다. 어느 날 이 할아버지의 말이 오랑캐 땅으로 달아났습니다. 마을 사람들이 이를 위로하자 할아버지는 조금도 걱정하지 않는 얼굴로 태연하게 말했습니다.

"누가 아오? 이 일이 복이 되는지."

몇 달이 지난 후 오랑캐 땅으로 달아났던 할아버지의 말이 오랑캐의 준마를 데리고 돌아왔습니다. 마을 사람들이 잘된 일이라고 말하자 할아버지는 태연하게 말했습니다.

"누가 아오? 이 일이 화가 되는지."

그런데 어느 날, 말타기를 좋아하는 할아버지의 아들이 그 오랑캐의 준마를 타다가 떨어져 다리가 부러졌습니다.

마을 사람들이 이를 위로하자 할아버지는 이번에도 조금도 슬픈 기색 없이 태연하게 말했습니다.

"누가 아오? 이 일이 복이 되는지."

일 년이 지난 어느 날, 오랑캐가 침입해 오자 마을 사람들은 모두 전쟁터에 나가 싸우다 다 죽었습니다. 그러나 할아버지의 아들만은 절름발이였기 때문에 무사했다고 합니다.

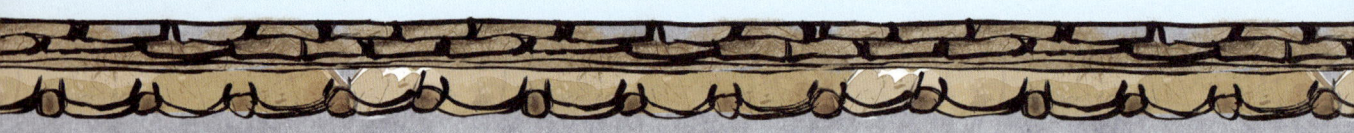

고사성어 유래

양두구육 (羊頭狗肉)

'양두구육'은 ≪안자춘추(晏子春秋)≫의 <내편(內篇)>에 나오는 말입니다. 이는 양 머리를 내걸어 놓고 안에서는 개고기를 판다는 뜻으로, 곧 겉과 속이 다름을 이르는 말입니다.

춘추 시대, 제나라의 영공은 궁중의 여인들에게 남장을 시켜 놓고 구경하는 이상한 취미를 가지고 있었습니다.

그런데 이러한 일이 나라 안의 모든 백성들 사이에 널리 퍼져 여인들의 남장 모습이 날로 늘어났습니다. 그러자 영공은 재상인 안영에게 '궁중의 유행을 모방하는 궁 밖의 남장 여인들을 처벌하라.'는 금지령을 내리게 했습니다.

그러나 금지령을 지키는 사람은 별로 없었습니다. 영공이 안영에게 그 까닭을 묻자, 그는 이렇게 대답했습니다.

"전하께서는 궁중의 여인들에게는 남장을 허용하시면서 궁 밖의 여인들에게 금지령을 내린 것은 '밖에는 양 머리를 걸어 놓고 안에서는 개고기를 파는 것'과 마찬가지입니다. 지금이라도 궁중의 여인들에게 남장을 금하게 하십시오. 그러면 궁 밖의 백성들도 말을 들을 것입니다."

영공은 안영의 진언에 따라 즉시 궁중의 여인들에게 남장 금지령을 내렸습니다. 그랬더니 제나라에서는 남장한 여인들의 모습이 자취를 감추었다고 합니다.

고사성어 유래

어부지리 (漁父之利)

'어부지리'는 어부의 이득이라는 뜻으로, 쌍방이 다투는 사이에 제삼자가 힘들이지 않고 이득을 챙긴다는 말입니다.

전국 시대, 연나라에 큰 기근이 들자 이웃 조나라 혜문왕은 기다렸다는 듯이 연나라를 공격하기 위해 서둘렀습니다.

그러나 연나라 소왕은 싸움을 피하기 위해서 그 동안 연나라를 위해 충성을 다해 온 소대에게 혜문왕을 설득해 달라고 부탁했습니다.

소대는 왕의 부탁을 받고 조나라로 떠났습니다.

조나라에 도착한 소대는 혜문왕을 만나 거리낌없이 이야기를 시작했습니다.

"오늘 제가 조나라로 들어오는 길에 역수(연·조나라와 국경을 이루는 강)를 지나다가 얼핏 강변을 바라보니 조개가 입을 벌리고 햇볕을 쬐고 있는 모습이 보였습니다. 이 때 갑자기 황새가 날아와 조개를 먹으려고 뾰족한 부리로 쪼았습니다. 그러자 깜짝 놀란 조개가 입을 굳게 닫는 바람에 황새는 부리를 물렸습니다. 다급해진 황새가 '이대로 오늘도 내일도 비가 오지 않으면 너는 말라 죽을 거야.'라고 말했습니다. 그러자 조개도 지지 않고 '내가 놓아 주지 않으면 너야말로 굶어 죽고 말 것이다.' 하고 맞받았습니다. 이렇게 서로가 한치의 양보 없이 고집을 세우며 다툴 뿐이었습니다.

그 때 그 곳을 지나가던 어부에게 그만 둘 다 잡히고 말았사옵니다. 그 모습을 보는 순간 저는 문득 생각이 떠올랐습니다. 전하께서는 지금 연나라를 치려고 하십니다만, 연나라가 조개라면 조나라는 황새이옵니다. 우리 두 나라가 공연히 싸워 백성들을 괴롭힌다면 귀국과 접해 있는 저 강대한 진나라가 어부가 되어 이득을 보게 될 것이옵니다."

혜문왕도 현명한 왕이었기 때문에 소대의 말을 못 알아들을 리가 없었습니다.

혜문왕은 조나라와 접해 있는 진나라의 위력을 생각하며 연나라를 공격하는 것이 옳지 않음을 생각하고 침략을 중지했던 것입니다.

고사성어 유래

죽마고우 (竹馬故友)

　진나라 사람 은호는 견식과 도량이 넓어 젊었을 때부터 평판이 좋았습니다.

　어느 날 한 사람이 은호에게 물었습니다.

　"관직에 앉게 될 때 꿈에 관(棺)을 보고, 재물을 얻게 될 때는 더러운 걸 보는데 이는 무슨 이유일까요?"

　"관리란 본래 썩어서 냄새가 나는 것이지요. 그러니까 관리가 되려는 사람은 꿈에 죽은 시체를 보게 되는 것이오. 돈이란 본래 추한 것이기 때문에 더러운 걸 꿈에 볼 수밖에 없지요!"

　은호는 관리가 될 마음이 없어 10년 동안 조상의 무덤을 지키며 지냈습니다. 그런데 은호는 계속해서 공신(功臣)들을 잃은 간문제의 간절한 청을 거절할 수가 없어서 건무 장군 양주자사가 되었습니다. 이는 그 당시 촉나라를 평정하고 돌아온 환온의 세력이 커지자, 간문제는 이름 높은 은호를 자기 아래 두어 환온에 대항하려 한 것입니다. 은호는 환온의 어릴 때 친구였습니다.

　이 때문에 두 사람이 서로 정적이 되자 왕희지는 이 두 사람을 화해시키려 노력했지만, 은호가 듣지 않았습니다.

　그 즈음 후조의 왕 석계룡이 죽고 호족들 사이에 내분이 일어나자, 진나라에서는 중원 땅을 회복하기 위해 은호를 중원 장군에 임명하였습니다. 은호는 중원 땅을 평정하기 위해 싸움터에 나가던 길에

중간에 말에서 떨어졌습니다. 이 모습을 본 사람들 모두가 나쁜 조짐이라고 말했습니다.

결국 은호는 요양에게 참패를 당하고 돌아왔습니다. 이렇게 된 것을 다행으로 생각한 것은 환온이었습니다. 그는 곧 은호의 죄를 들어 왕에게 상소하여, 마침내 은호를 서인으로 만든 후 동양의 신안현으로 귀양 보내었습니다.

은호가 귀양을 가자 환온은 사람들에게 이렇게 말했습니다.

"나는 어렸을 때 은호와 같이 죽마를 타며 놀았었는데, 내가 죽마를 가지고 놀다가 버리면, 반드시 은호가 주워 가졌었다. 그러고 보면 그는 내 아래 있음이 당연하다."

죽마는 대나무로 만든 말로, 곧 아이들의 장난감입니다.

귀양을 간 은호는 누구를 원망하는 소리도 없이 조용한 나날을 보냈습니다. 그 후 환온이 은호에게 상서령의 벼슬을 주겠다는 편지를 보내자 은호는 기꺼이 승낙한다는 답장을 써서 봉투를 넣었습니다.

그러나 정확하게 하려고 내용물을 꺼내서 다시 읽고 그러기를 수차례 반복하다가 그만 빈 봉투를 보냈습니다.

이를 본 환온은 크게 노하여 다시는 은호를 찾지 않았습니다. 결국 은호는 귀양살이 중에 죽고 말았습니다.